I0394144

DIESES BUCH GEHÖRT:

www.ingramcontent.com/pod-product-compliance
Lightning Source LLC
Chambersburg PA
CBHW021842170526
45157CB00007B/2898
* 9 7 8 1 0 7 4 7 5 0 3 9 8 *